BEI GRIN MACHT SIC
WISSEN BEZAHLT

- Wir veröffentlichen Ihre Hausarbeit,
  Bachelor- und Masterarbeit

- Ihr eigenes eBook und Buch -
  weltweit in allen wichtigen Shops

- Verdienen Sie an jedem Verkauf

Jetzt bei www.GRIN.com hochladen
und kostenlos publizieren

Thomas vor der Sielhorst

Supply Chain. Die Erfolgsfaktoren am Beispiel von Zara

GRIN Verlag

Bibliografische Information der Deutschen Nationalbibliothek:

Die Deutsche Bibliothek verzeichnet diese Publikation in der Deutschen National-
bibliografie; detaillierte bibliografische Daten sind im Internet über http://dnb.d-
nb.de/ abrufbar.

Impressum:

Copyright © 2012 GRIN Verlag, Open Publishing GmbH
Druck und Bindung: Books on Demand GmbH, Norderstedt Germany
ISBN: 978-3-656-47066-3

Dieses Buch bei GRIN:

http://www.grin.com/de/e-book/230698/supply-chain-die-erfolgsfaktoren-am-bei-
spiel-von-zara

GRIN - Your knowledge has value

Der GRIN Verlag publiziert seit 1998 wissenschaftliche Arbeiten von Studenten, Hochschullehrern und anderen Akademikern als eBook und gedrucktes Buch. Die Verlagswebsite www.grin.com ist die ideale Plattform zur Veröffentlichung von Hausarbeiten, Abschlussarbeiten, wissenschaftlichen Aufsätzen, Dissertationen und Fachbüchern.

Besuchen Sie uns im Internet:

http://www.grin.com/

http://www.facebook.com/grincom

http://www.twitter.com/grin_com

Modul:

Supply Chain Management

Essay Zara:

Welche Erfolgsfaktoren stehen für die Supply Chain von ZARA?

Verfasser:

Thomas vor der Sielhorst

Studiengang:
Management

Angetrebter Abschluss:
Master in Management
ipe – Management School Paris

Inhaltsverzeichnis

Abbildungsverzeichnis

Tabellenverzeichnis:

Abkürungsverzeichnis:

Abb.	Abbildung
CAD	Computer aided design
F	Folgende
Mio.	Millionen
No.	Nummer
o.V.	ohne Verfasser
PDA	Personal Digital Assistant
POS	Point of Sale
%	Prozent
RFID	Radio Frequenz Identifikation
S.	Seite
SCM	Sypply Chain Management
Tab.	Tabelle
z.B.	zum Beispiel

Abstract

Aufgrund vielfältiger Veränderungen des wirtschaftlichen Umfelds sind Unternehmen immer wieder neu auf der Suche nach Wettbewerbsvorteilen, um am Markt bestehen zu können.

Unabhängig von Maßnahmen, die nach außen auf den Markt gerichtet werden, können auch interne, nach innen gerichtete Maßnahmen, die Wettbewerbsfähigkeit erheblich beeinflussen.

Es handelt sich dabei um integrierte, fachlich übergreifende Methoden des Managements, die den heutigen Anforderungen gerecht werden und auf die Unternehmen nicht verzichten können.

Das Thema dieses Essays beschreibt ein *Supply Chain Management*, dessen Einführung und Umsetzung von einem erhöhten Aufwand geprägt war, der aber durch die erzielten nachhaltigen Nutzen weit mehr als kompensiert wurde.

Wenn bei einem Unternehmen wie ZARA eine optimal integrierte Supply Chain durch die Organisationsform der *Vertikalisierung* bereits alle vor- und nachgelagerten Prozesse beinhaltet, dann sind die meisten Probleme bei der Realisierung eines Supply Chain Management bereits auf ein Minimum reduziert.

Wenn dann darüber hinaus noch andere Wege beschritten werden, die gegen gewohnte Verhaltensmuster in der Branche konzipert wurden, spricht man von einer System-Excellence. Man bezeichnet diese auch als *Regelbrüche*, da das Modell wider die geltenden Normen aufgebaut ist. (vgl. Hippach,J. / Weissmann, A., 2006, S.1)

Regelbrüche haben daher eine Kernkompetenz und sind ein Teil einer Differenzierungsstrategie, die sich auf der produktbezogenen, produktbegleitenden und emotionalen Ebene von seinen Wettbewerbern absetzt, um nachhaltige Wettbewerbsvorteile zu erzielen. Insofern wird ZARA zu Recht als ein Musterbeispiel eines erfolgreichen Supply Chain Management dargestellt.

1. Einleitung

1.1 Bedeutung und Treiber des Supply Chain Managements

Die Verschmelzung internationaler Wirtschaftsräume im Rahmen der Globalisierung hat die Ausgangslage für viele Unternehmen erheblich beeinflusst. Während sich die Aktionsräume noch vor Jahren auf regionale und nationale Märkte begrenzten, so können heute Kunden auf der ganzen Welt erreicht werden. Für die Unternehmen hat sich dadurch das Handlungsumfeld grundlegend gewandelt.

Dieser Wandel wird gekennzeichnet durch den Wechsel von einem Verkäufer- in einen Käufermarkt und einer immer schnelleren internationalen Angleichung der Unternehmen und Produkte. Damit einhergehend sind eine schwankende differenzierte Nachfrage, kurze Reaktionszeiten, kürzere Durchlaufzeiten, kleine Lagerbestände und eine Verbreiterung des Produktangebotes.

Dies führt zu einer größeren Teilevielfalt an Roh-, Hilfs- und Betriebsstoffen und zur Entstehung komplexerer Produktionsprogramme, die Auswirkungen auf die Anzahl von Transporten haben, so dass es zu einer *erhöhten Bedeutung distributiver Merkmale* gekommen ist. Lager-, Transport- und Umschlagfunktionen haben somit zunehmend an Bedeutung gewonnen (vgl. Pohl, H.-Chr., 2000, S. 48 f).

Die Entwicklungen in der Informations- und Kommunikationstechnologie haben ebenfalls zu einer Verbesserung der Vernetzung der betrieblichen Funktionsbereiche Beschaffung, Produktion und Absatz geführt, so dass damit auch Veränderungen und Differenzierungsmöglichkeiten der Logistik entstanden sind. In dieser immer dynamischeren Welt steigen daher Komplexität und Anforderungen in der Logistik, so dass die Entwicklung und Abstimmung logistischer Teilfunktionen erforderlich wird.

Unternehmen müssen sich den neuen Marktbedingungen anpassen. Dabei sind unterschiedliche Strategien möglich. Die mit dem Supply Chain Management (SCM) verbundene Strategie ist meistens die der *Kostenführerschaft*, also der Senkung der Kosten zur Erzielung größerer Gewinnmargen oder der Senkung des Produktpreises.

Um die Wettbewerbsfähigkeit erhalten zu können, müssen die einzelnen, vor- und nachgelagerten Produktionsstufen beachtet und in die Prozessoptimierung einbezogen werden.

Abb. 1: Treiber und Einflüsse auf die Unternehmen heute

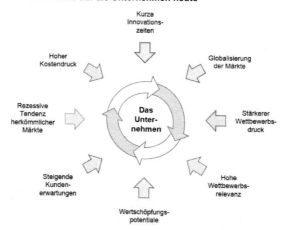

Quelle: Eigene Darstellung anhand des beschriebenen veränderten Umfeldes

Der immer stärkerer werdende Wettbewerb, kürzere Innovationszeiten sowie steigende individualistische Kundenbedürfnisse machen den Aufbau und die Optimierung von Netzwerken erforderlich. Dabei reichen die bisherigen Überlegungen nicht aus; es muss eine *ganzheitliche Betrachtung* der Güter-, Finanz- und Informationsflüsse während der Wertschöpfungskette erfolgen, um den zukünftigen Anforderungen gerecht zu werden.

Unternehmen haben erkannt, dass eine optimal gestaltete *Wertschöpfungskette ein wichtiger Wettbewerbsfaktor* geworden ist. In einer Supply Chain (integrierte Logistikkette) werden daher *alle Prozesse*, wie Beschaffung, Produktion, Distribution, sowie Kunden und Lieferanten *betrachtet und eingebunden*. Immer mehr Unternehmen versuchen daher, ein gut funktionierendes Supply Chain Management in ihrem Unternehmen zu etablieren (vgl. Thonemann, U., 2007, S. 7).

Wesentliche Voraussetzungen für eine gut funktionierende Supply Chain sind dabei *moderne Informations- und Kommunikationssysteme.*

1.2 Aufbau der Arbeit

Zunächst werden im *ersten Teil* des Essays die Treiber des Supply Chain Managements (SCM) dargestellt und es wird auf die Bedeutung einer ganzheitlich ausgerichteten Supply Chain als ein wesentlicher Wettbewerbsfaktor eingegangen, um die Bedeutung der Thematik der Arbeit herauszustellen. Danach erfolgt eine Beschreibung des Aufbaus des Essays.

Dieser erläutert im *zweiten Teil* zunächst schlagwortartig die theoretischen Grundlagen eines Supply Chain Mangements und die Probleme und Nutzenpotentiale einer optimal aufgebauten Supply Chain.

Im *dritten Teil* wird dann auf die Unternehmensgruppe Inditex und ihre Tochtergesellschaft ZARA allgemein eingegangen. Es werden dabei zunächst nur deren Leistungsdaten und deren Geschäftsmodell dargestellt.

Daran schließt sich eine Thesenformulierung und eine Thesendarstellung an, bevor eine Darstellung der Erfolgskomponenten der Supply Chain von ZARA erfolgt. Diese wird dann abgerundet durch mögliche Ergänzungsansätze für Verbesserungen.

Im letzten, dem *vierten Teil*, erfolgt schließlich ein Fazit und Ausblick über das Thema.

2. Theoretische Grundlagen des Supply Chain Management

Ein modernes Unternehmen sieht sich auf dem Markt dauernd neuen Anforderungen und dem permanenten Druck von Porter`s Five Forces ausgesetzt. (vgl. Porter, E.M., 1995, S. 74)

Abb. 2: Porter`s Five Forces (Wettbewerbskräfte)

Quelle: Eigene Darstellung

Die Beeinflussung der fünf Wettbewerbskräfte

- vorhandene Marktkonkurrenz
- Substitutionsprodukte
- neue Marktkonkurrenz
- Macht der Lieferanten
- Macht der Kunden

kann erfolgen, indem man *einzelne* oder *alle Kräfte* versucht durch unterschiedliche Strategien zu beeinflussen.

Ziel ist im Wesentlichen eine Abschwächung der Wettbewerbskräfte zu erreichen. So ist man nur dem indirekten oder einem geringeren Wettbewerb ausgesetzt. Die Handlungsmöglichkeiten eines Marktteilnehmers ergeben sich dabei nicht nur aus dem *externen Marktumfeld*, sondern auch aus *unternehmensinternen Faktoren* wie Ressourcen, Fähigkeiten und Unternehmenszielen.

Eine Reduzierung des Konkurrenzdruckes durch vorhandene Wettbewerber kann erreicht werden, indem man die eigenen Erzeugnisse einzigartig und nicht vergleichbar gestaltet, Wettbewerber übernimmt oder sich nur auf bestimmte Marktsegmente konzentriert.

Die Reduzierung der Bedrohung durch Ersatzprodukte ist möglich durch Unterschiede zum branchenmäßigen Verhalten, durch das Kreieren neuer Standards bzw. durch Fakten, die zu erhöhten Umstellungskosten führen.

Eine *Reduzierung der Bedrohung durch neue Wettbewerber* erfolgt, indem die Kundenloyalität oder Markteintrittsbarrieren erhöht werden, Allianzen mit Lieferanten und Distributionskanälen eingegangen werden oder eine Effizienzsteigerung der eigenen Leistungserstellung erfolgt.

Bei der *Reduzierung der Verhandlungsstärke der Lieferanten* kann die Abhängigkeit erhöht werden, eine Rückwärtsintegration erfolgen, können Partnerschaften geschlossen werden oder ein Supply Chain Management eingeführt werden.

Die *Reduzierung der Verhandlungsstärke der Kunden* kann erfolgen, indem die Kaufentscheidung auf andere Einflussfaktoren als den Preis verlagert wird, Zwischenhändler übergangen werden bzw. direkte Beziehungen zum Kunden aufgebaut werden und Anreize und Zusatznutzen angeboten werden bzw. die Einführung eines Supply Chain Managements erfolgt.

Der daraus entstehende Druck auf die Unternehmen führt zu Innovationen und Weiterentwicklung des technischen Fortschritts, so dass *neue Technologien* Einzug finden. Eine moderne Form ist die *Optimierung von Betriebsabläufen* unter *Einbindung von vor- und nachgelagerten Prozessketten.*

Unternehmen, die eine *vertikale Organisationsstruktur* haben, erfüllen vielfach die Voraussetzungen, die durch die fünf Wettbewerbskräfte entstehenden Bedrohungen einzuschränken. Wenn darüber hinaus noch ein SCM eingeführt und umgesetzt wird, sind alle Voraussetzungen für ein *Alleinstellungsmerkmal* gegeben.

So entsteht *vermehrt* also nicht nur ein *Wettbewerb zwischen Unternehmen,* sondern vielmehr auch *zwischen optimierten Lieferketten.*

2.1 Definition des Supply Chain Management

Eine nur aus den zwei Wort-Anglizismen zusammengesetzte Übersetzung bestehend aus *Supply* (Angebot/Versorgung/Lieferung), *Chain* (Kette) also eine „Versorgungs – oder Lieferkette" reicht als Definition nicht aus.

Supply Chain Management umfasst die Optimierung einer *ganzheitlichen* Wege- und Wertschöpfungskette vom Zulieferer über die Produktion bis zum Kunden. CHOPRA / MEINDL machen dies deutlich in der Aussage „a supply chain consits of all parties involved, directly or indirectly, in fulfilling a costumer request." (Chopra,S. / eindl,P., 2010, S. 20)

Die prozessorientierte Sichtweise des Supply Chain Management basiert auf dem Konzept der Wertschöpfungskette von PORTER (vgl. Porter, E. M., Wettbewerbsstrategie, 1995, S. 74).

Ziel des Supply Chain Management ist die Beeinflussung von Kosten, Zeit und Qualität mit dem geringstmöglichen Ressourceneinsatz, um den größtmöglichen Kundennutzen zu liefern (vgl. Ellram, L. M., 1991, S. 17) und damit die Marktposition zu stärken.

Supply Chain Managment umfasst die *Optimierung von Güterströmen* durch eine *ganzheitliche Betrachtung* der *Transportkette* vom Zulieferer über die Produktion bis zum Kunden (vgl. Kuhn, A./ Hellinggrath, H., 2002, S. 10).

2.2 Erfordernisse und Probleme beim Supply Chain Management

Die Implementierung eines Supply Chain Managements macht bestimmte *Randbedingungen* erforderlich:

- *Umdenken der Partner in der Supply Chain,*
  denn Ängste hinsichtlich der Weitergabe von unternehmensinternen Informationen müssen abgebaut werden.

- *ein gegenseitiges Vertrauensverhältnis muss bestehen*

- *eigene Unternehmensinteressen müssen zurückgestellt werden,* wenn es dem Gesamtprozess nützlich ist.

- *ein hoher Grad an Kommunikation*
  muss zwischen allen Stellen der Supply Chain vorhanden sein.

Probleme die sich beim Aufbau eines Supply Chain Management ergeben, sind vielfältig. Es können sein:

- *unzureichende Datengrundlagen*
- *unterschiedliche IT-Niveaus*
- ein *hoher Anpassungsaufwand*
- eine *reorganisatorische Anpassung*
- sowie die *Pflege aktueller Daten*

Durch ein SCM wird außerdem der sog. „*Peitscheneffekt*" *(Bullwhip-Effekt)* bzw. Problem verhindert. Dieser bezeichnet das Phänomen sich verstärkender Bestandsschwankungen entlang der Wertschöpfungskette, die entstehen, wenn kleinere Änderungen des Bedarfs beim Endkunden zu immer größeren Schwankungen hinsichtlich der Verfügbarkeit entstehen, je weiter man die logistische Kette zurückverfolgt (vgl. Kuhn, A. /Hellingrath, H., 2002, S.17f).

Das Risiko des Scheiterns eines SCM-Projektes wird vielfach unterschätzt. Dies ist auch der Grund, warum nach einer Untersuchung der Cambridge Technology Partners bei der Einführung eines SCM (frauenhofer Institut: http://www.scene.iao.fhg.de/informationen/Einfuehr/4_Kapitel/3_cfm) Probleme bestehen, denn:

- 46 % überschreiten bei weitem den Termin- und Kostenplan
- 28 % aller IT-Projekte für SCM schlagen völlig fehl
- weniger als 30% erreichen nur eine Produktivitätserhöhung oder Kostensenkung, zur Wertschöpfung beitragen.

Um eine möglichst problemfreie Planung eines SCM gewährleisten zu können, sollte man sich an dem **S**upply **C**hain **O**peration **R**eference Modell (SCOR) orientieren, das von zwei amerikanischen Unternehmensberatungen entwickelt wurde bzw. an einen der wichtigen Anbieter von SCM-Software (SAP, Numerics, Manugistics, i2 Technologies, etc.) wenden.

2.3 Nutzenpotentiale und Ziele des Supply Chain Managements (SCM)

SCM ist mehr als eine Software, *SCM ist eine Philosophie*, die die Möglichkeit offen hält, eines der nachfolgenden Nutzenpotentiale erreichen zu können.

Abb. 3: Nutzenpotentiale bei der Einführung eines Supply Chain Management

Bereich	Verbesserung
Lieferfähigkeit	16 - 28 %
Lagerbestandsverringerung	25 - 60 %
Auftragsdauer	30 - 50 %
Vorhersagegenauigkeit	25 - 80 %
Produktivität	10 - 16 %
Verringerte Supply-Chain-Kosten	25 - 50 %
Füllraten	20 - 30 %
Verbesserte Kapazitätsauslastung	10 - 20 %

Quelle: PRTM ISC Benchmark Studie 1997

Bei der Realisierung eines SCM handelt es sich um eine nachhaltige Entwicklung, die die Wirtschaft des nächsten Jahrzehnts stark prägen wird.

3 Unternehmen Inditex

3.1 Muttergesellschaft Inditex

Der Textilkonzern „Industrias de Diseno Textil S.A" oder abgekürzt INDITEX ist die Muttergesellschaft von ZARA. Inditex ist ansässig in La Coruna im Nordosten von Spanien (Galizien). Das Zentrum besteht aus einem futuristisch glänzenden Arenal und wird intern als „The Cube" bezeichnet.

Im letzten *Geschäftsjahr 2010* erzielte der Konzern mit *12.527 Mio. €* einen *Gewinn* von *1.732 Mio. €* und damit eine *Umsatzrendite von 13,8 %*.

Jahr	Umsatz	Gewinn	Filialen	Länder	Beschäftigte
2009	11.084	1.314	4.607	74	92.301
2010	12.527	1.732	5.044	77	100.138

Gegenüber dem Vorjahr konnte eine Umsatzsteigerung von 1.443 Mio. € bzw. 13 % bei gleichzeitigem Anstieg von 437 Geschäften gemacht werden.
(vgl.Inditex annual report 2010)

Inditex betreibt insgesamt acht Marken-Unternehmen, davon sechs Modemarken und eine Linie für „Heimbedarf" (ZARA Home) und eine andere für Acessoiries (Uterque):

Einzelunternehmen:	Umsatz 2010 (in Mio. €)	Geschäfte
Zara	8.088	1.723
Pull&Bear	857	682
Massimo Dutti	897	530
Bershka	1.248	720
Stradivarius	780	593
Oysho	304	432
Zara Home	294	284
Uterque	59	80
Gesamt	12.527	5.044

Die Geschäfte liegen in *77 Ländern*, wobei sich die Umsatzteile sich wie folgt aufteilen:

Europa	Asien	Amerika
73%	15%	12%

Mit einem Umsatzanteil von 73 % liegt Europa deutlich an der Spitze, wobei das Mutterland Spanien einen Anteil von 28% und Rest-Europa von 45% besitzt.

(vgl. Inditex annual report 2010)

Das Unternehmen ist zu 60 % im Besitz der *Familie von Amanico Ortega*. Die restlichen 40% befinden sich im Streubesitz, da für Inditex 2001 der Börsengang erfolgt ist.

Der Konzern betreibt nach außen generell wenig Kommunikation, man hat sich eine „Schweigepflicht" auferlegt, so dass man zusammenfassende „Interna" nicht bekommt und sich mühselig aus Einzelinformationen der letzten Jahre zusammenfügen muss (vgl. Hirn, W., 2011, S. 2).

In den letzten zehn Jahren hat Inditex seine *Filialen* und den *Umsatz* fast *verfünffacht* und den *Ertrag versiebenfacht*. Es ist damit eine der erfolg-reichsten Modemarken der Welt.

Vergleichende Mittbewerber für ZARA sind: Gap, H&M und Benetton.

Die internationale Kommunikationsagentur „Interbrand" führt die Marke ZARA unter den 100 besten Marken der Welt. (Müller, St., 2006, S.2)

3.2 Das Geschäftsmodell von ZARA

Zara hat – wie aus der Aufstellung ersichtlich - einen Umsatz von 8.088 Mio. €
und einen *Anteil von 65 %* am Gesamtumsatz, ist „Kronjuwel" und
„Wachtumsmotor" zugleich. Pro Store wird ein Durchschnittsumsatz von 4,6
Mio. € erzielt.

Inditex definiert **ZARA** als

> *„Lieferant für junge Erwachsene im Alter von 25 – 35 Jahren,
> der moderne Telekommunikationstechnik in die gesamte Liefer-
> kette integriert hat, um durch von Designern inspirierte Mode un-
> terhalb von Designer-Preisen an die Kunden zu liefern."*
>
> *(Dossier Zara 2010)*

Das Unternehmen führt den Erfolg auf sein Geschäftsmodell zurück und beschreibt
dies wie folgt:

> "The Inditex business model is characterised by a high degree of
> *vertical integration*. It is *involved in all stages of the fashion process*:
> design, manufacture, logistics and distribution to its own managed
> stores. It has a *flexible structure* and a strong customer-centric
> focus across all of its business areas.
> The *key element* for the corporation is the *store*, a carefully designed
> space created to make customers comfortable as they experience
> our collections. It is also where we obtain useful information for
> adapting our collections to customers' tastes."
>
> (Inditex press Dossier, 2006, S.6)

Abb. 4: Businessmodell ZARA

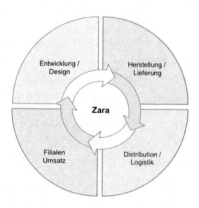

Quelle: eigene Darstellung in Anlehnung an: Dossier ZARA, 2006, S. 3, sowie Ghemawat,
P. / Nueno, J.L-, 2006, S.30

3.2.1 Retail Sales / Filialen - Umsatz

Ein *Kern* des Konzeptes sind die *Stores* (Filialgeschäfte), die sich bei ZARA fast ausschließlich in Eigentum befinden und selbst geführt werden. Nur in *kleineren* und *kulturell sehr unterschiedlichen Märkten* werden *die Geschäfte in Franchise* geführt.

Die Geschäfte sind zugleich *Verkaufsort, Lieferant von Informationen und Ort der Präsentation der Ware.*

Im Store werden die Umsätze getätigt und Informationen über Kundenwünsche gesammelt und an die Designer in Spanien weitergeleitet. Zara`s Werbung besteht im Unterschied zu Wettbewerbern nur aus der Auswahl der *Standorte mit 1a-Lagen* und in der *Verkaufsraumgestaltung* (interior) sowie in der *Präsentation der Ware* im Ladeninneren und im Schaufenster (exterior). (vgl. Inditex annual report 2010)

Dies führt dazu, das ZARA nur *0,3 % des Umsatzes* für *Werbung* ausgibt.

Die Ware bleibt dabei *nicht länger als vier Wochen* in den Geschäften. (vgl. o.V., 2009, S. 1).

Dadurch wird eine Exklusivität und künstliche Produktknappheit generiert, die die Aufmerksamkeit der Kunden erhöht und zu schnellen, unmittelbaren Kaufent-scheidungen führt.

Jeder ZARA-Shop wird alle 4-5 Jahre einem Face-Lifting unterzogen.

Der ZARA-Kunde sucht etwa 17-mal im Jahr das Geschäft auf, im Vergleich zu Wettbewerbern ist dies ungefähr sechsmal so häufig (vgl. Gallaugher,J. M., 2008, S. 6). Die Filialen sind ZARA`s Augen und Ohren. (vgl.Tokatli, N., 2008, S. 28)

3.2.2 Entwicklung / Design

Das Unternehmen geht davon aus, dass das Design modeorientiert, länderübergreifend und von der *jeweiligen Landeskultur unabhängig* ist.

Durch ein aus 300 Mitarbeitern bestehendes Designerteam werden jährlich über 30.000 Modelle entworfen. Die Informationen erhält ZARA aus externen Trendbüros, aktuellen Kundenwünschen aus den täglichen Informationen der Filialen und von eigenen Designern, die neue Entwicklungen von fremden Haute Cuture Labeln nachempfinden und umsetzen.

Entworfen werden die Modelle im E-Business anhand von CAD-Systemen. Die Entwürfe erfolgen am Bildschirm und werden online an die Produktion / Zulieferer gesendet. (vgl. Inditex annual report 2010)

3.2.3 Produktion

ZARA erhält die Stoffe von eigenen Webereien und fertigt die Ware in eigenen überwiegend in Spanien oder in Europa ansässigen Firmen oder in angebundener Auftragsfertigung. Der Produktionsprozess in den Fabriken ist hochtechnisiert mit einem optimalen Durchlauf. Genau wie in der Automobilindustrie ist die Produktion auf eine Just-in-Time- Fertigung (JiT) aufgebaut. (vgl. Ghemawat, P./ Nueno,J.L., 2003, S.11) Nur sog. Basics werden in Asien produziert, da deren Nachfrage stabil ist und nicht so schnell nachproduziert werden muss. Zunächst werden nur kleinere Stückzahlen produziert und erst wenn man aufgrund von Verkäufen die Nachfrage einschätzen kann, erfolgt eine kurzfristige Erhöhung der Produktion.

In der Vorstufe zur Produktion, der Stoffbeschaffung, kommen 40 % der Stoffe von den Tochtegesellschaften Comditel S.A. und Fibracolor S.A. in Bacelona, die auch die eigenen Färbemittel herstellen. (vgl. Ferdow, K., 2004, S. 109)

Zara verfügt über 14 Tochtergesellschaften, 13 in Spanien und eines in Litauen, die die Textilproduktion wahrnehmen. (vgl. Ferdow, K., 2004, S.104)

3.2.4 Logistik

Grosse Logistikcenter befinden sich in Nordspanien in *La Coruna* und *Zaragossa*.

Die Verteilung der Ware erfolgt auf einer *Fläche* von *500.000 qm, was einer Größe von ungefähr 90 Fußballfeldern entspricht* und ist mit einem 90 km langen Schienennetz, über das die Ware computergesteuert in die Logistikcenter zu den LKW`s gebracht wird, ausgestattet. (vgl. Gallaugher,J. M., 2008, S. 4)

LKW`s beliefern zweimal wöchentlich innerhalb von 24 Stunden alle Stores in Europa. Andere Standorte in Übersee werden innerhalb von 2-3 Tagen per Luftfracht beliefert. Dadurch bekommen alle Stores zweimal pro Woche neue Ware. ZARA führt die Logistikcentren selbst. Der Transport der Ware wird durch externe Transportunternehmen durchgeführt.

Unterschiedliche Nachfragen in einzelnen Ländern und Orten werden elektronisch festgehalten, so dass eine schnelle Reaktion erfolgen kann und Ware von einem Land / Ort, wo die Nachfrage gering ist, in ein anderes Land geliefert werden kann, wo die Warenbestände geringer sind. (vgl. Inditex annual report 2010)

3.3 Die Erfolgsfaktoren von Zara

3.3.1 Thesenformulierung

Unter „Erfolgsfaktoren" versteht man allgemein solche Faktoren, „die den Unternehmenserfolg nachhaltig und langfristig bestimmen und insbesondere dem Aufbau und der Sicherung von Wettbewerbsvorteilen dienen." (vgl.,o.V., wirtschaftslexikon24.net – Stichwort: Erfolgsfaktoren, 2011)

Porter erläutert im Zusammenhang mit den fünf Wettbewerbskräften nur drei strategische Alternativen: *Marktführerschaft, Kostenführerschaft* und *Differenzierung* (vgl. Porter, M., 2008, S.12).

Durch verschiedene Differenzierungen hat ZARA bereits die Kostenführerschaft erreicht und mit den nachfolgend beschriebenen Erfolgsfaktoren ergibt sich darüber hinaus eine sogenannte *System-Excellence*, die zusätzlich zur Marktführerschaft geführt hat. Die entsprechenden Erfolgsfaktoren in der Supply Chain von ZARA werden im Nachgang dargestellt.

3.3.2 Thesendarstellung – Kernaussagen, Fakten und Argumente

Für gute Unternehmensstrategien stehen bestimmte Erfolgsfaktoren. Manche dieser Faktoren sind unmittelbar sichtbar (z.B. Marke), andere ergeben sich aus dem Konzept (systemimmanent) und kommen erst bei entsprechender Hervorhebung bzw. Analyse ins Bewusstsein.

Bei ZARA lassen sich die nachfolgende *Erfolgsfaktoren für ihre Supply Chain* und darüber hinaus ausmachen:

Erfolgsfaktor 1: Vertikalisierung

Unter der Organisationsstruktur der *Vertikalisierung* versteht man die *Integration* von *vor- oder nachgelagerten Stufen* des Wertschöpfungsprozesses. (vgl. Riekhof, H.C., 2004, S.432)

Die Bereiche *Entwicklung und Produktion* müssen heute schneller neue Kundenanforderungen bedienen als noch vor wenigen Jahren. Deswegen hat bei einigen erfolgreichen Unternehmen, so auch bei Zara, eine Vertikalisierung der Organisationsstruktur stattgefunden. Durch Vertikalisierung löst sich das Unternehmen von Abhängigkeiten anderer Fremdfirmen, so dass eine erhöhte Flexibilisierung sowie Kontrollmöglichkeit gegeben ist. Widrigkeiten, wie unterschiedliche Identifikationen mit Zielen sowie technische Abstimmungen bestehen in einem vertikalisierten Unternehmen nicht. (Irrgang, W., 1989, S. 10)

Durch die verstärkte Integration von der Beschaffung von Rohmaterialien, der Produktion durch eigene Fertigungsbetriebe und den *Vertrieb über eigene Geschäfte* können Hersteller bereits innerhalb weniger Tage auf neue Kundenwünsche reagieren. So betreiben viele Unternehmen insbesondere im Textilbereich, ihr Geschäft nicht nur über eigene Geschäfte, sondern auch über Concessions, Outlets und Online-Shops im Internet. Sie treten damit unter *Ausschaltung des klassischen Handels (fremde Einzelhandelsunternehmen)* direkt mit den Kunden in Kontakt.

Die klassische Arbeitsteilung zwischen der Produktion der Rohstoffe, der anschliessenden Fertigung der Produkte und der Vermarktung über Groß- und Einzelhändler wird dadurch aufgehoben. Vertikal organisierte Unternehmen haben *direkten Einfluss* auf die *Entwicklung der Produkte*, die *Sortimentsgestaltung*, die *Produktion* und die *Distribution* der Produkte. So können alle Wertschöpfungsstufen durch Vereinnahmung beeinflusst und beherrscht werden.

Man unterscheidet bei vertikalen Unternehmen sog. *Front-End-* und *Back-End-Konzepte.* Unter Front-End-Konzept versteht man die *Sichtweise eines Händlers* und unter *Back-End-Konzept* versteht man die umgekehrte Sichtweise eines *Herstellers*, der die der *Produktion nachgelagerten Teile* der Wertschöpfungskette *integriert.* Es erfolgt eine *Vertikalisierung in Richtung Point of Sale*, wie es bei Zara der Fall ist (vgl. Riekhof, H.-Chr., 2004, S. 432).

Abb. 5: Back-End- Vertikalisierung

Vertikalisierung Back-End-Driven: Ausgangspunkt Hersteller, Vertikalisierung Richtung POS

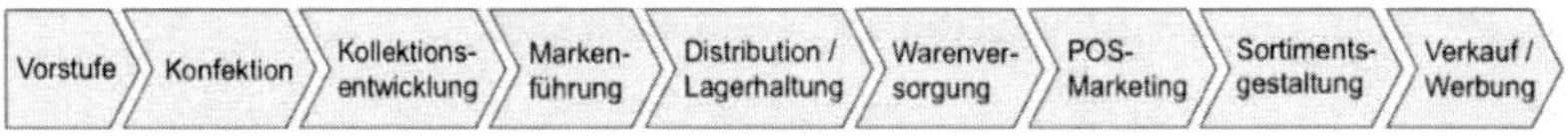

| Vorstufe | Konfektion | Kollektions-entwicklung | Marken-führung | Distribution / Lagerhaltung | Warenver-sorgung | POS-Marketing | Sortiments-gestaltung | Verkauf / Werbung |

Quelle: Eigene Darstellung in Anlehnung an Riekhoff, H.-Chr., 2004, S. 432

Ortega, der Eigentümer von Zara hat diesen Prozess wie fogt ausgedrückt:

> *„Bleibe mit der einen Hand in der Fabrik und mit der anderen beim Kunden. Tu alles, damit die eine Hand der anderen helfen kann. Und was auch immer Du tust, behalte das Produkt so lange im Auge, bis es verkauft ist."*
> (vgl. Ferdows, A./Lewis, M.A./Machuca, J.A.)

Bei der Vertikalisierung handelt es sich um die Kontrolle der nahezu gesamten Versorgungs- und Lieferkette (Supply Chain) mit einem gleichzeitigen Fokus auf die Zufriedenheit der Kunden.

Erfolgsfaktor 2: Flexibilität / Schnelligkeit / Zeit

Flexibilität, Schnelligkeit und Zeit sind für ZARA besondere Schlüsselfaktoren. Durch eigene Rohstofflieferanten, die Andersartigkeit in der Modellentwicklung (Design) und die Steuerung der eigenen Produktion besitzt ZARA eine enorme Flexibilität. Die kurze Vorlaufzeit, eine auf Produkttypen spezialisierte kurze Fertigung und eine optimierte Distribution weisen im Vergleich zum Wettbewerb eine enorme *Schnelligkeit* auf, die einmalig in der Branche ist.

Schnelligkeit ist bei High-Fashion-Mode sehr wichtig, da ZARA als Erster die Wünsche des Marktes / Verbrauchers am Markt umgesetzt haben will.

Dies ist möglich, da das Design in nur einem Tag erfolgt, die Produktion acht Tage in Anspruch nimmt und die Distribution etwa zwei Tage dauert, um die Auslieferung innerhalb Europas zu gewährleisten.

ZARA setzt *modische Trends* fast ausschließlich in eigenen Produktionsstätten um. Basis- und Standardorientierte Artikel, bei denen die Schnelligkeit etwas weniger wichtig ist, werden in Asien gefertigt.

Abb. 6: Zeitersparnis durch Vergleich der Geschäftsprozesse

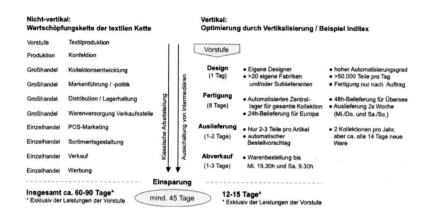

Quelle: Eigene Darstellung in Anlehnung an: Siemens,J./Mayer, G. / Pietersen, F., (2007). S. 6

Dies ist möglich, da das Design in nur einem Tag erfolgt, die Produktion acht Tage in Anspruch nimmt und die Distribution etwa zwei Tage dauert, um die Auslieferung innerhalb Europas zu gewährleisten.

In der gesamten Supply Chain wird so eine Einsparung von min. 45 Tagen erzielt (siehe Abbildung).

Schnelligkeit ist bei High-Fashion-Mode sehr wichtig, da ZARA als Erster die Wünsche des Marktes / Verbrauchers am Markt umgesetzt haben will.

Erfolgsfaktor 3:   Innovative Nutzung von Ressourcen

Unter Innovation versteht man „etwas neu gestalten" (Söllner, A., 2009, S. 5).

Eine innovative Nutzung durch

* Einsatz neuester Technik, automatische Verteileranlagen im Distributions-
centrum, arbeits- und zeitersparende RFID-Technologie im Lager- und Aus-
lieferungsbereich sowie die Benutzung von mobilen PDA-Geräten mit einge-
bautem Scanner im gesamten Unternehmensbereich, die eine schnelle Da-
tenerfassung und Übertragung möglich machen.

* durch eine Just-in-time (Jit) Fertigung, durch die erst diese geringen Fer-
tigungsdurchlaufzeiten möglich geworden sind.

* durch eine tägliche Verkaufsanalyse aus den durch das POS-System täglich
an die Zentrale übermittelten Daten.

* durch Nutzung der Kundenanregungen – bzw. Storebefragungen und direkte
Weiterleitung an das Designteam in Spanien.

* durch Entwufsentwicklungen direkt am Bildschirm.

Der Vorsitzende der Luxusmarke Louis Vuitton erklärte daher: „ZARA gehört
wohl zu den innovativsten Einzelhändlern der Welt." (Gallaugher, J.M., 2008, S.1)

Erfolgsfaktor 4:   Regelbrüche

Unter Regelbrüchen versteht man Maßnahmen, die *wider die geltenden Nor-
men,* also anders, als in der Branche sonst üblich, durchgeführt werden. (vgl.
Weiguny, B., 2007, S.1):
Bei ZARA fällt die Andersartigkeit bei nachfolgend beschriebenen
Sachverhalten besonders deutlich auf :

* eine hohe eigene Produktion (über 50%) in Spanien im Gegensatz zu einem
fast völligen Outsourcing der Produktion in Billiglohnländer in Asien, wie
dies der übrige Wettbewerb macht.

* eine Vorplanung der Kapazitäten und Ressourcen in der Produktion und im
Verteilerzentrum erfolgt nicht in Vollauslastung, sondern es werden
erfahrungsbezogene Pufferzonen berücksichtigt, die es ermöglichen, dass
kurzfristig (Flexibilität) die entsprechenden Kapazitäten erhöht werden
können.

- es wird keine übliche Print- und Fernsehwerbung betrieben. Werbeausgaben erfolgen lediglich für die Shop-Innenausstattung und die Schaufenster. ZARA erreicht daher nur einen Werbeaufwand von 0,3 % im Gegensatz zu Wettbewerbern, deren Werbeaufwand bei ca. 3,5 – 4 % vom Umsatz liegt.

- „Mengenfertigung" erst nach Informationen durch Erfahrungen im Verkauf. Dadurch erfolgt eine starke Risikominderung, so dass das Entwicklungsrisiko durch Vermeidung von „Flops" im Design erheblich eingeschränkt wird. Nur die einfach zu produzierenden Produkte und nicht modeorientierten Artikel (z.B. T-Shirts, Jeans) werden in Asien vorproduziert.

- durch kurzfristige Bestellungen. Während die meisten Einzelhändler sechs Monate vor einem Saisonbeginn ihre Vororder tätigen und zu bestimmten Stichtagen komplett ausgeliefert werden, wird bei ZARA alle 3-4 Tage neue Ware angeliefert. Hier besteht die Auffassung, das „Warenbestand = Tod" bedeutet, denn Ware, die nicht verkauft ist, erhöht das Warenlager und verschlechtert die Liquidität.

Die letzten beiden Maßnahmen führen dazu, dass ZARA seine Preisabschriften nur auf den jährlichen „Ausverkauf" beschränken kann und nicht wie der Wettbewerb während der Saison permanente Preisnachlässe bietet. Die Preisabschriftenquote liegt daher nur bei 15 %, die der Mitbewerber liegt etwa doppelt so hoch.

Erfolgsfaktor 5: dynamische Kommunikation

In jedem Unternehmen wird kommuniziert. Vielfach erfolgt diese Kommunikation jedoch nur einseitig und statisch auf ein bestimmtes Ziel bezogen. ZARA hat die Möglichkeit einer dynamischen Kommunikation eingerichtet. Dies bedeutet, dass eine neue Information allen Beteiligten zur Verfügung steht und dadurch ein gegenseitiger Austausch gegeben ist, der für ein erfolgreiches Supply Chain Mangement von enormer Bedeutung ist.

3.3.3 Optimierungsgegebenheiten und Darlegung zukünftiger Aspekte

Nach Darstellung und Bewertung der bei ZARA vorliegenden Erfolgsfaktoren des integrierten Supply Chain Managements und der vorhandenen System-

Exzellenz ergeben sich natürlich nur wenige Schwachstellen und Optimierungs-möglichkeiten. Dennoch möchte ich diese sich ergebenden zukünftigen Einflüsse im Nachfolgenden deutlich machen.

• Durch die weiter steigende starke Expansion, vor allem *in Amerika* und *Asien / Far East* muss die bisherige Produktpolitik neu bewertet werden, da sich dadurch vorraussichtlich *stärker kulturelle Einflüsse ergeben*, die bei der Kollektionserstellung zu berücksichtigen sind.

• eine auf *Spanien fixierte Europalastigkeit*, die im Moment noch möglich ist, da 75 % der Umsätze in Europa erzielt werden und dadurch die Kosten von Spa-nien aus sich noch in Grenzen halten.

Eine weitere Expansion, insbesondere in Amerika und Asien erfordert Über-legungen, *weitere Distributionscenter* für diese Länder aufzubauen, um stei-gende Kosten-, Koordinierungs- und Handlingaufwendungen eindämmen zu können.

Abb. 7: Räumliche Darstellung wichtiger Bearbeitungscenter von ZARA

Quelle: Fallstudie ZARA, S.7

• **Umwelt**
Da die an ZARA gebundenen Vertragsfirmen zu Low-Cost-Preisen Ware produzieren, ignorieren diese mögliche *Umweltgesichtspunkte*. Außerdem werden die dort beschäftigten Mitarbeiter *zu kaum akzeptalen Arbeitsbe-*

dingungen beschäftigt. Mit einem weiteren Zusammenwachsen von Europa wird der Fokus auch immer stärker auf Schwachstellen fallen, die, wenn sie an die Öffentlichkeit treten, schnell behoben werden müssen, um keine Imageverluste zu erzielen.

- eine auf *Spanien fixierte Zentrallastigkeit* macht ZARA anfällig gegen Naturkatastrophen und insbesondere politische Unabwägbarkeiten im Norden Spaniens, die die gesamte Logistikkette stark beeinflussen und lahmlegen könnte.

- die *optimale Informationsgestaltung* zwischen Filiale und Zentrale sollte um eine weitere *zwischen Filialen erweitert werden*. Dadurch wird es möglich sein, Kundenwünsche noch schneller gewährleisten zu können, denn mehrere Filialen in einer Stadt könnten so direkt eine Umlagerung / Warenverfügbarkeit möglich machen.

4   Fazit / Ausblick

Um sich am Markt durchsetzen zu können, benötigt man *einzigartige Ressourcen*, die von einem Wettbewerber schwer und nur mit hohen Kosten imitiert werden können.

Durch das Bestehen von vertikalen Organisationsformen können Handelsstufen ausgeschaltet werden und deren Margen verbleiben im eigenen Unternehmen.

Darüber hinaus wird durch diese Organisationsform Flexibilität, Geschwindigkeit und Zeit erzielt, die im High-Fashion-Modebereich von entscheidender Bedeutung sind.

Bei Zara wird darüber hinaus ein möglicher Wettbewerb durch eine starke Expansion und eine schnelle Marktdurchdringung in Schranken verwiesen.

Desweiteren wird durch *Innovationen*, die anders sind als üblicherweise im Markt gegeben, eine „*Einzigartigkeit*" erreicht.

Wenn dann noch eine *Identifikation der Markt- und Kundenbedürfnisse* und eine *Nutzenoptimierung durch ein Supply Chain Mangement* erfolgt, ist eine Basis gegeben, die von Wettbewerbern kaum nachgeahmt werden kann.

Mit diesen profilierten Spezialkonzepten trotzt ZARA dem schrumpfenden Markt in der Bekleidungsindustrie. Durch die ständig wechselnde Aktualität der Ware wird ein einzigartiges Corporate Identity geschaffen. Dieses Modell wird nicht nur „gesteuert", sondern auch auf allen Ebenen eines Unternehmens durch die Mitarbeiter in der täglichen Praxis „gelebt". Nur so ist es möglich, die dargestellten Nutzenpotentiale in vollem Umfang realisieren zu können und eine *System-Excellence* zu erreichen, die Vorbildcharakter hat.

Ich möchte meine Arbeit daher mit einem Zitat abschliessen:

> „Denken ist einfach, Handeln ist schwierig, und nach dem Gedachten zu Handeln ist unbequem."
>
> Johann Wolfgang von Goethe

Tabelle 1: Kurzbeschreibung ausgewählte Tätigkeitsbereiche von ZARA

La Coruna	Kommunikationspolitik
Das Zentrum in La Coruna ist Mittelpunkt des Designs, Planung und Logistik sowie der IT.	Es wird eine offene Kommunikation geflegt.
Rohmaterial	**Stores / Verkaufsgeschäfte**
Die Beschaffung der Rohmaterialien erfolgt über eine eigene Firma: Inditex com detail, von der auch Färbemittel geliefert werden.	Eine durchschnittliche Zara-Filiale verfügt über c. 1.000 qm und hat nur ein kleines Lager, so dass sie auf ständige Neulieferungen angewiesen ist. Im Store finden ständig Befragungen der Kunden statt. Die Wünsche der Kunden werden täglich über das POS-System nach Spanien übermittelt.
Design	**Zielgruppe**
300 angestellte Designer entwerfen pro Jahr ca. 40.000 Modelle, wovon ca. 10.000 Modelle in die Produktion gehen. Über 85% des ZARA-Produktangebotes sind über Grenzen hinweg identisch.	Es besteht ein klar positioniertes und hoch modisches Sortiment für Verbraucher zwischen 25 – 35 Jahren mit einem schnellen Kollektionsrhythmus. Es handelt sich um Verbraucher, die einen hohen Wert auf neueste Mode legen. Man bezeichnet diese als „Fashion Victims".
Ladengestaltung / Warenpräsentation	**Organisation**
Die Gestaltung der ZARA-Shops ist äußerst aufwendig. Schaufenster haben fast Couture-Niveau. So wird ein Ambiente dargestellt, das sich an den entsprechenden Modevorbildern orientiert. ZARA besitzt eine eigene Abteilung, in der die Ladenausstattung und Displays selbst designt wird.	Es herrscht eine flache Hierarchie und sehr differenzierte Aufbauorganisation. Die Organisation funktioniert nach einem Netzwerk. Es besteht die Überzeugung, dass eine Eingrenzung auf die Funktionsbereiche die notwendige Flexibilität des Unternehmens beeinträchtigt.
Produktion	**Auslieferungszentrum**
Es erfolgt keine Mischfertigung in den Produktionsstätten. Die eigenen Betriebe sind auf die jeweils verschiedenen Produkttypen spezialisiert.	ZARA verfügt über wenige zentrale Auslieferungszentren in Nordspanien. Hier werden die Bestellungen gesammelt und zwei-mal wöchentlich nach einem vorgegebenen Plan aufgegeben.
Sortimentspolitik	**Werbung**
Unter ZARA werden drei verschiedene Produktfamilien geführt: Frauen, Männer, Kinder. Für jedes dieser Bereiche steht eine eigene, unabhängige Beschaffungs- und Designabteilung sowie Produktion zur Verfügung.	Durch Stores in 1a-Lagen und eine hervorragende Präsentation der Ware im Geschäft und Schaufensterbereich wird komplett auf Print- und Fernsehwerbung verzichtet. Die Firma setzt stark auf Mund-zu-Mund-Propaganda
Qualitätspolitik	**Mitarbeiter**
Alle Produkte müssen sich nach der Fertigung einer rigorosen Qualitätsprüfung im Aus-lieferungszentrum unterziehen. Mängel werden sofort behoben.	Von den Mitarbeitern wird eine hohe Eigen-verantwortung auf allen Ebenen verlangt. Die Firmenphilosophie wird durch die Arbeit im Unternehmen geprägt, so dass ein hohes Zusammengehörigkeitsgefühl besteht.
Preispolitik	
ZARA hat in den verschiedenen Ländern eine unterschiedliche Preispolitik. Außerhalb Spa-niens werden Aufschläge zwischen 50 – 100% des Basispreises von Spanien genommen. Die Preispolitik ist verlässlich, da keine Preisreduzierungen während der Saison, sondern nur jeweils am Ende der Saison vorgenommen werden.	

Literaturhinweise

a) Bücher

Chopra, S. /   (2010)   Supply Chain Management, Strategy,
                                      Planning, and Operation, Fourth Edition,
                                      Pearson Verlag, Boston

Irrgang, W.,   (1993)   Vertikales Marketing: Strategien der
                                      Hersteller, Methoden und Trends, in: Irrgang,
                                      W. (Hrsg.), Vertikales Marketinh im Wandel,
                                      1.Auflage, Vahlen Verlag

Kuhn, A. /   (2002)   Supply Chain Managment: Orientierte
Hellingrath, H.,   Zusammenarbeit in der Wertschöpfungskette,
                                      Springer Verlag, Berlin

Pohl, H.-Chr.,   (2000)   Supply Chain Management: Logistik plus?
                                      E. Schmidt Verlag, Darmstadt

Porter, E.M.,   (1995)   Wettbewerbsvorteile: Spitzenleistungen
                                      erreichen und behaupten, 5. Auflage, Campus
                                      Verlag, Frankfurt a. Main

Riekhof, H.-Chr.,   (2004)   Retail Business in Deutschland, 1. Auflage,
                                      Gabler Verlag, Wiesbaden

Thonemann, U.,   (2007)   Der Weg zum Supply Chain Management:
                                      Grundlagen, Strategien, Instrumente und
                                      Controlling, 1. Auflage, Gabler Verlag, Wies-
                                      baden

b) Artikel aus Journalen / Magazinen

Ellram, L.M.,   (1991)   Supply Chain Management: The industrial
                                      organisation perspective, in: International
                                      Journal of Physical Distribution & Logistics
                                      Management, Heft 1,

Ferdow, K.,   (2004)   Rapid Fire fulfilment, in: Harvard Buisness
                                      Review 82 (11), S. 104 – 110

Ferdow, K. /   (2009)   Über Nacht zum Kunden, Harvard Business
Lewis, M.A./   Manager, Hörbuch, Manager Magazin
Machuca, J.A.,

Ferdow, K. / Lewis, M.A./ Machuca, J.A.,	(2005)	Zara`s Secret for Fast Fashion, in: Harvard Business School,
Ghemawat, P./ Nueno. J.-L.,	(2003)	Zara: Fast Fashion, Harvard Business School, HBS: 9-703-497
Gallaugher, J.M.,	(2008)	Zara Case: Fast Fashion from Savvy Systems, http://www.gallaugher.com/chapters Stand: 12.12.2011
Hirn, W.,	(2011)	Textilriese Inditex – Der Aldi der Mode, in: Manager Magazin, Nr. 7 http://www.manager-magazin.de/ magazin/artikel/ 0,2828,775434,00.html Stand: 13.12.2011
Müller, St.,	(2006)	Inditex: Die Zara-Erfolgsformel, in: Schweizer Wirtschaftsmagazin Bilanz, 22/06, S.2
o.V.,	(2007)	Inditex press dossier, Zara http://media.ft.com/cms/9552c624-a2b4-11de- ae7e-00144feabdc0.pdf Stand: 08.12.2011
Peters,J. T./ Watermann,J. R./ Philipps, J.,	(1980)	Structure is not Organisation, Business Horizons, Mc Kinsey http://www.tompeters.com/docs/Structure _Is_Not_Organization.pdf Stand: 12.12.2011
Tokatli, N.,	(2008)	Global Sourcing: insights from global clothing industry – the case of Zara, in : Journal of Econimics Geography,
Weiguny, B.,	(2009)	Wie klaut man schneller als andere? in: Zeit Online,
Weiguny,B.,	(2007)	Gewinner aus Galizien, in: Internataionale Politik, 6, S. 26-33

c) Studien

o.V.,	(1997)	PRTM ISC- Benchmark Studie 1997, S. 3 http://www.renard2kanak.eu/documents/Suppl y_Chain_Managment_- _Skript_12_SCM_Metrics_- _A200.pdf?PHPSESSID=e46ae9f7c028a4861 7ee83afc26b6ce8 Stand: 08.12.201

Siemens, J./ Mayer, G./ Pietersen.F.,	(2000)	KPMG – Sudie: Vertikalisierung im Handel http://www.uni-potsdam.de/db/jpcg/ F.Lehre/SS05/Vorlesung_Organisations_und Personal_III_I/vertikal_ii.pdf

d) Internet

Dutta, D.,	(2002)	Retail @ the speed of fashion, http://3isite.com/articles/ImagesFashion_Zara _Part_I.pdf Stand: 06.12.2011
Hippach,J./ Weissmann, A.,	(2006)	Mit Regelbrüchen aus der Strategiefalle, in: Panorama Südtirol, http://www.iff.or.at/upload/presse //iff_info_07.pdf Stand: 08.12.2011
o.V.,	(2011)	wirtschaftslexikon24.net, Stichwort: Erfolgsfaktoren
o.V.,	(2011)	Cambridge Technology Partners, frauenhofer Institut: http://www.scene.iao.fhg.de/informationen/Einf uehr/4_Kapitel/3_cfm Stand: 08.12.2011
o.V.	(2011)	Inditex annual report http://www.inditex.es/en/shareholders_and_inv estors/investor_relations/annual_reports Stand: 08.12.2011